ICONOCLASTE,

SOUVENIR DU SALON DE 1847.

MM. H. Vernet, Ziégler, B., H. Flandrin, Barrias, Rouget, Heim, Lemaire, Vidal, Pingret, Biard, M{}^{lle} Rose Bonheur.

Par Charles Bruno S...

PRIX : 50 *CENTIMES.*

PARIS.
IMPRIMERIE DE P. BAUDOUIN,
RUE DES BOUCHERIES St-GERMAIN, 38.

1847.

ICONOCLASTE,

SOUVENIR DU SALON DE 1847.

MM. H. Vernet, Ziégler, B., H. Flandrin, Barrias, Rouget, Heim, Lemaire, Vidal, Pingret, Biard, Mlle Rose Bonheur.

257.

Alphée et Aréthuse,

PAR M. B...

Ainsi qu'en un conte de fée,
Fuyant les poursuites d'Alphée,
Une nymphe se change en *eau;*
Et, tandis que l'amant roucoule,
La traîtresse en riant s'*écoule*...
Ce tour, moins adroit que nouveau,
Sauva-t-il la chaste *Fontaine?*
Hélas, non : le *liquide* amant
Était *Fleuve*, et Fleuve charmant.
Pour rejoindre son inhumaine
Qui, *coulant* ses jours à l'écart,
Pudiquement fait *lit* à part,
Dans son ardeur toute payenne,
Pour mêler son *onde* à la sienne
Et prendre un *bain* de ses faveurs,
Le Fleuve aimant point ne s'amuse

A faire à sa chère Aréthuse
Des sonnets ou d'autres fadeurs
Fredonnés par un *flot* docile.
Ardent, impatient et fier
Songeant qu'Aréthuse est nubile
Sans s'aider d'aucun crocodile,
Le Fleuve traversa la *mer*.

 Pour peindre ce sujet, que faire
Autre chose que de l'eau claire ?

202, 273, 301, 374, 863, 1588, ETC.

Nous pourrions, par malheur, être aussi ressemblants ;
Mais nous nous garderions de nous montrer aux gens.

1990, 1991, 1992.

M. VIDAL.

Ce plastique sérail inspiré du Prophète
Est un rêve enchanté que ton art a nourri.
Mais n'y va pas aimer quelque chaste houri,
Nouveau Pygmalion, pour en perdre la tête.

1592.

M. M. VERNET.

Cieux ! Que de beaux chevaux ! Que de beaux militaires !
Tu fais, avec la cour, de fameuses affaires,
Capitaine Vernet ! On te fera baron,
 Si tu dis un mot, pair de France ;

Et l'on verra dans ton blason
Graines d'épinards sur garance.

1313.

Portrait de Mademoiselle P...
M ÉDOUARD PINGRET.

AFFICHE.

Allumettes et clous Pingret
Recommandés pour le portrait.

BONIMENT.

Daguerre va tomber : il n'obtient qu'une image.
Le procédé Pingret possède l'avantage.
    D'en donner trois, plus deux lapins !
    Venez à l'école rapins ! ! !

SPECTACLE.

    Le numéro treize cent treize
    Représente, sur la cimaise
    Du salon carré, que je crois,
Un enfant vu de dos, un second, un troisième ;
    Deux lapins blancs gros comme trois.
    Ces cinq portraits sont-ils le même ?
Assurément : ainsi le porte le livret.
    En grattant du clou, dur Pingret,
    Tu disais : Ce que je fabrique,
    C'est un portrait vraiment unique,
    Mais non un unique portrait.

1405, 1406, 1507.

M. G. ROUGET.

2115.

M. PH. H. LEMAIRE, SCULPTEUR.

808.

M. HEIM.

Des dieux de l'Institut, je chante les exploits.
Pour eux, l'alexandrin m'a soumis à ses lois.
De ce rithme pédant, muse, fais-toi l'esclave :
A des sujets si lourds il faut un chantre grave,
 Quelques compte-rendeurs, Titans audacieux
Ont mis les dieux des arts en un cas périlleux.
On ne rit plus là haut : plus d'un auguste Membre,
Des peintres, l'an passé restés à l'aantichambre,
Redoute la menace, et tremble à l'appareil
Du grand combat qu'ils vont combattre en plein soleil
 Cependant un mortel, favori de l'Olympe,
Pour l'avoir fréquenté sachant comme on y grimpe
S'est, aux portes du ciel, humblement présenté,
Pour rendre un peu de vie à l'immortalité.
« Rouget frappe ! Un ami ! Ses services sans doute
Vers un de nos fauteuils vont lui frayer la route.
Qu'au service rendu le don soit mesuré !
Ouvrez ! » Rouget s'avance ; il entre... Il est entré.
Tout est morne. Rouget à peine assis se lève,
Empesé, décoré, mais encor plein de sève :
« On vous veut récuser, et le peuple brossant,
Empâtant, ponçant même, et surtout exposant
Prétend vous déloger de votre omnipotence
Sous ce prétexte vain mais juste en apparence,

Que la couleur n'est pas le son, que le pinceau
Est autre que l'archet. Le turbulent troupeau
Ose même avancer, que maçons, chorégraphes,
Daguerréotypeurs, faiseurs de pantographes,
Comme vous ont des droits à juger sans appel,
Ce gâchis dont la pâte insulte à Raphaël !
De Thémis-Apollon ternir ainsi la gloire !
Et le public, hélas, commence à les en croire.
   C'est triste : *on ne saurait se le dissimuler.*
Mais n'est-ce point honteux pour des dieux que trembler ?
Rappelez-vous vos droits qu'on reconnut naguère,
Vos droits sanctionnés à votre boutonnière,
Par vos savantes mains des plafonds illustrés,
La Grâce familière à vos pinceaux sacrés,
Et vos tableaux vendus sept francs : au prix des maîtres !
Et, jusqu'à Raphaël, évoquant vos ancêtres,
Sur les remparts du goût, Grands Juges, combattons
Une balance folle à la main, et votons !
   Mais, ô divinités, pour calmer nos alarmes,
Voter ne suffit point, Brandissons d'autres armes !
Attaquons l'ennemi sur son propre terrain.
Un Couture, dit-on, veut traiter le romain !
Mais est-il possesseur de sa mythologie ?
Ferait-il un discours sur la myologie ?
Sait-il comment on drape avec un mannequin ?
Au moins a-t-il connu Talma sinon Le Kain ?
Peignant d'après le vif, songe-t-il à l'antique ?
Sait-il ses passions, sait-il son pathétique ?
Le geste de l'effroi, la main de l'oraison,
Et l'œil du malheureux qui n'a plus sa raison,
Montrant un cercle blanc autour de ses prunelles ?
Sait-il enfin, du Vrai, les règles éternelles
Au point de nommer juste et de compter nos os,
Et de les reconnaître au jeu de dominos ?
Point. L'on dit que, parfois, le trop jeune Couture

Appelle à son secours l'incorrecte nature,
Et l'on ose ajouter que ses tableaux sont bons!...»
On n'entendit qu'un cri : — nous les refuserons ! —
Mais le noble Rouget, d'une voix chaleureuse :
« Co-Membres, la sortie est mâle et vigoureuse,
Et, tout comme vous, j'aime et j'admire l'éclat
De ces proscriptions qui rappellent Sylla.
Mais ce fort argument ne saurait les confondre,
Et c'est d'un autre ton qu'il nous faudra répondre.
Vous le dirai-je enfin? Le moyen est nouveau...
Nous ne nous sauverons que par un bon tableau !
D'avance, je connais ce que vous m'allez dire :
Cette dette d'honneur, le temps l'a pu prescrire ;
Après n'avoir rien fait, on peut se reposer ;
Exposer aujourd'hui, ce serait s'exposer.
C'est juste, mais timide. En ce péril extrême,
Je me sens élever au dessus de moi-même ;
Pour combattre COUTURE une brosse à la main,
J'achète une maquette, et commence demain ! »
Le beau Rouget est pourpre ; un dieu puissant l'entraîne ;
Il poursuit : « Les Romains ont lâché dans l'arène
» Des taureaux, des félis et des loups furieux ;
» Et l'hymne des chrétiens s'élève, courageux,
» Mais bientôt s'allanguit. La Rome impériale
» N'entendit plus enfin qu'une voix virginale...
» Puis, plus rien que le bruit des gradins piétinés :
» Le théâtre est désert, les jeux sont terminés. »
Comment dois-je aborder ce sujet difficile?
Je vous le donne en cent, je vous le donne en mille !
Trois têtes, et c'est fait. Une vieille ; plus bas,
Une jeune; à côté, quelque chose de gras
Comme un Vitellius. La vieille est ennuyée,
Le Gros laisse en repos sa GROSSEUR suppliée
Par la jeune, et voilà. Cependant que le gros
Au spectacle ordonné paraît tourner le dos,

Trois pouces de chrétiens et de bêtes féroces
Chantent des hymnes purs, poussent des cris atroces ;
Et ces acteurs sanglants, par un bon goût profond,
Je les mets dans un coin, et ce coin dans le fond.
Et d'un. Quant au second, c'est la même manière :
C'est « Titus, assisté de l'Empereur son père
» Couronnant ses soldats au pays des Hébreux. »
De soldatesque, point. Pour peindre ces crasseux,
Je pourrais bien piller la colonne Trajane,
Mais le type est commun. Passons donc à l'Albane.
Bien qu'il aimât la chair, il fut homme de bien.
Le livret, à défaut de monsieur Félibien,
Vous dira qu'il peignit « dans le siècle seizième. »
Il est bon de prouver que l'Institut lui-même.
Sait quelque peu d'histoire et peut faire au besoin
Une phrase élégante, en y mettant du soin.
Après le siècle dit, ainsi je continue :
« L'Albane fit hancher sa légitime nue
» Avec tous ses petits autour de leur maman ;
» C'est pourquoi son œuvre a maint et maint agrément. »
Ainsi Rouget s'adjoint à la dive cohorte.
Quelques fauteuils jaloux trouvant la chose forte,
Se demandent tout bas d'où lui vient la vertu
De s'élire à lui seul membre de l'Institut.

    Mais LEMAIRE soudain a saisi la parole :
» Le dieu des arts, dit-il m'inspire un discobole.
J'ai le marbre, il suffit d'en trouver la façon :
Ce sera bientôt fait. Émule de Myron,
Je sculpte Archidamas émule de Lyncée
Au jeu que revendique Apollon à Persée.
D'ici je vois le torse, il est concave ; mais
Je le surmonterai d'une tête d'Anglais.
Rouget, noble Rouget, votre flamme m'anime
On nous glorifiera d'une voix unanime ;
Implorant son pardon, contrit et timoré.

Bientôt s'humiliera le technique Thoré ! »
Notre cœur vers le bien a des pentes heureuses :
Les bonnes actions seraient contagieuses
Si l'exemple du bien portait en soi l'attrait
D'un espoir qui flattât l'orgueil ou l'intérêt.
Heim a compris Lemaire ; il monte à la tribune,
Et, le bras arrondi : » Cette cause commune,
Dit-il, a réuni le peintre et le sculpteur ;
Messieurs les dieux, ce m'est infiniment d'honneur
D'être l'un des remparts de notre sanctuaire,
Et de me voir adjoint à vous, monsieur Lemaire.
Or, il faut s'entr'aider, qu'on soit dieux, qu'on soit loups :
Par Cailleux ! Je ferai d'une pierre deux coups.
Il est, delà les ponts, un autre aréopage,
Un autre Olympe, dis-je, attaqué, mais trop sage
Pour suivre des conseils qu'il ne s'est point donnés,
Ses dieux, par des mortels, sont subventionnés
Comme conservateurs de la voix et du geste.
Ils aiment les beaux vers ((de Saint-Ybars) l'atteste) ;
S'exercent au bon goût — C'est le goût ancien —
Sous un œil qu'a Buloz, leur vieil ange gardien.
Du Théâtre-Français les agrégés artistes
Nous sont assez germains pour que tu les assistes,
Jury ! L'on peut trouver, sans être trop méchant.
Chez eux comme chez nous des professeurs de chant.
De la tradition dignes thuriféraires,
Ce sont des routiniers, et je les tiens pour frères.
L'égoïsme ne naît qu'en un cœur rétréci :
Il faut, en m'illustrant, les illustrer aussi,
Et, dirait Némésis, les clouant à ma gloire,
Les stéréotyper au temple de mémoire.
L'adroite flatterie est mère du succès :
Voyez, sous mes pinceaux, le foyer des Français
S'emplir et s'honorer de gens de tous les styles.
Ils semblent oublier leurs préfaces hostiles :

L'académicien y fait grâce au talent,
Le talent au génie ; et, par ce beau semblant,
On voit les amateurs de toutes les écoles,
Bardes impériaux, classiques, hugocoles,
Sur la pointe des pieds se dresser, curieux,
Pour voir chacun son maître écouter ANDRIEUX
Mes personnages sont : Casimir Delavigne ;
Deux aimables moitiés, l'une de l'autre dignes (1) ;
Lebrun, Viennet, Arnaud, perles ; Duval, brillant ;
Baron Guiraud, baron Taylor, Châteaubriant,
Firmin, Soulié, Samson, Étienne, Delaville,
Duchesnoy, son turban, de Vigny, Mélesville
Jouy, Soumet, Empis, le cher ami Baour
Halevy, Mars, Nanteuil, Charles Nodier, Bonjour,
Scribe, deux Michelot, et Béraud et Mazères ;
Deschamps, Briffaut, Victor aux œuvres éphémères ;
L'immortel Dupaty, Dumas, Pigault Lebrun,
Lefebvre et d'Épagny si connus de chacun ;
Et, pour mettre une *borne* à la nomenclature,
Liadières, enfin, y doit faire figure !
Voilà de quels beaux noms je décore le mien ;
Voilà de quels talents je me fais le soutien ! »

   Ce discours généreux fut goûté. L'auditoire
Voulut, pour s'aguerrir, coucher sans bassinoire.
On fit, contre Thoré, d'audacieux projets ;
Dans la mythologie on chercha des sujets.
Pour que nul militant ne tombât dans le schisme,
ROUGET fit réciter à tous leur cathéchisme :
Définissez le Noble et le fil dit à plomb.
Combien, de l'occiput, jusqu'au bas du talon
Doit-on compter de fois la longueur de la tête ?
Quelle forme a la nue en un ciel de tempête ?

---

(1) Madame et Monsieur Ancelot.

Quel écart fait celui qui court, vu de profil?
De combien de degrés cet angle s'ouvre-t-il
Quand le fuyard entend le trait qu'on lui décoche?
Faire sentir la main sous les plis de la poche.
Quels sont les vêtements qu'à Rome on n'avait pas?
Faire un rond, un carré, puis un œuf sans compas.
Comment doit-on tenir la palette et la brosse?
Comment un archevêque empoigne-t-il sa crosse,
Un souverain son sceptre, un pauvre son bâton,
Un soldat son fusil, un membre son jeton,
Archidamas son disque et Corinne sa lyre?
Combien avaient de trous les pipeaux de Tityre?
Quel heureux procédé fera fuir le terrain?
Quel bleu convient au ciel et quel autre au lointain?
Comment fait-on la chair, comment la chevelure?
Quel sentiment convient le mieux à la peinture?
Quels sont les attributs du Temps et des Saisons?
Quelle forme, pour plaire, affectent les maisons?
Sans sortir de chez soi, comment un peintre sage
Peut-il, pertinemment faire du paysage?
Comment doit-on draper un Christ? Combien de plis
Peuvent avoir au front les vieillards accomplis?
Et comment Raphaël taillait-il sa sanguine?
Comment posent un Faune, une Nymphe badine,
Un enfant de trois ans, une Thémis, un Pan,
Un lutteur bien appris qui s'allonge en frappant?
Comment le désespoir incline-t-il sa nuque?
Et cœtera... Chacun, se grattant la perruque,
Répondit comme un ange, et l'on n'oublia point
De prendre, d'un air doux et naïf, son bon point.
Ici ne riez pas, lecteur, la discipline
A doté nos loisirs de la langue latine :
Rome en effet lui dut et sa prospérité
Et son Virgilius et son éternité.
La discipline donc, cette égide de Rome

Fait de l'homme un enfant et de l'enfant un homme.
Fortifiant le faible et soumettant le fort,
De l'âme maîtrisée elle accroît le ressort.
   Ainsi, du bon jury la cohorte divine
Modérait un instant sa fougue léonine
Mais pour être plus forte à l'heure du combat
Ainsi l'Aigle tournoie et plane, puis s'abat,
Calculant (O Newton !) cette chûte fatale
Qui le mène à sa proie en ligne verticale.
La faiblesse est trop prompte, et c'est d'un esprit mûr
Qu'attendre pour marcher par un chemin plus sûr.
   Honneur soit néanmoins aux âmes résolues
Que va livrer Bellone aux ardeurs superflues !
Gloire au soldat fougueux. Courage exhubérant
Qui fait, aux champs de Mars, haïr le joug du rang,
Tu possédais mes dieux, et leur terrible verve
Au nom de Némésis allait braver Minerve ;
Car les plus chauds d'entre eux voulaient, sans coup férir,
Sur place, mettre au monde un chef-d'œuvre ou mourir !
Que dirai-je ? l'ardeur des Membres fut poussée
Jusqu'à l'aveuglement. Cette ardeur insensée
Fit surmonter l'horreur du vulgaire et du laid
Aux grands prêtres du goût. On cria qu'il fallait,
De facies immortels, faire une galerie,
Rendre honteux Daguerre, et sa gloire flétrie ;
Poser et portraiter, passant incessamment
Du passif à l'actif, et réciproquement.
Mais de ce beau projet, Rouget les dissuade :
« Gardons-nous, leur dit il, de nous mettre en parade.
Les dieux qu'on ne voit point en sont mieux respectés,
En divulgant nos fronts, nous serions suspectés
D'être de chair et d'os, ou, comme on dit, de fange.
Soyons forts, mais prudents, olympique phalange !
Sachons, sans nous montrer, combattre à découvert,
Et, sans attendre plus que le champ soit ouvert,

S'il est un gant ici, qu'on le jette au plus vite
Aux peintres mécontents. Pour assurer leur fuite,
Qui seule, je le crains, peut nous rendre vainqueurs,
Publions nos *desseins*, arborons nos *couleurs!!*...

604.

Napoléon Législateur.

M. H. FLANDRIN.

Napoléon était de *bronze*, au jugement
    Du plus grand poète allemand ;
Homme *cubique*, ainsi, carré sous chaque face,
    D'esprit *solide* et fort tenace,
Et d'une volonté de *fer*, mot souvent dit
    Qui n'en est pas moins en crédit.
    Donnant un *corps* à toutes ses pensées
    Dans son cerveau puissamment *condensées*,
    Plus que personne, il se communiquait
    Pour ainsi dire, à ce qui l'entourait.
C'est ainsi que Flandrin l'a compris. Il le place
Dans un épais milieu. Les vêtements, la chair,
    Tout est solide jusqu'à l'air ;
    Et, par cette savante audace,
    Il enrichit notre salon
    D'une immense plaque de plomb.

141.

Henri IV et Fleurette.

M. BIARD.

Tu dois être, ô Briard, fier de la galerie
Que se forme au salon ta Fleurette flétrie.

Ses vieux amateurs se croient verds,
Et cela, parce qu'ils bourgeonnent.
Au Palais-Royal, ils s'abonnent ;
De Piron, ils savent les vers.
Jamais ils n'ont lorgné de danseuse au visage,
Ta Fleurette pas davantage,
Car aimer l'âme est un travers.
Dans certains magasins, aux arrière-boutiques
Et par Delessert suspectés,
Passent furtivement, en ferventes pratiques,
Ces marchandeurs d'obscénités...
Et ta Fleurette obtient leurs bravos mérités.
Ce n'était point une carogne
Que cherchait le fils de Gascogne.
Plus tard, aux rires courtisans,
Par des souvenirs médisants,
Jamais ne fut abandonnée,
Pauvre Fleurette profanée.
Ta pauvre jambe de quinze ans.

En ce genre, Biard, tu n'es point écolier.
Si ma mémoire n'est menteuse,
Ta verve, aux matelots. a servi l'an dernier
Une négresse trop heureuse
Dans la cale d'un négrier.

167, 168, 169.

MADEMOISELLE ROSE BONHEUR.

Brascassat sait son bœuf mieux qu'aucun éleveur.
On le dit ; ajoutons, pour lui rendre justice,
Qu'il a fait sagement de n'entrer point en lice
Car il n'y pouvait pas lutter avec BONHEUR.

1642.

Judith.

M. ZIÉGLER (J.)

Un manuscrit hébreu rapporte cette histoire :

Avant de consommer le crime méritoire
    Qu'ourdissaient, en complicité,
    Sa crânerie et sa beauté,
Par des moyens plus doux, Judith tenta la gloire.
    Car la fille de Mérari,
    Depuis trois ans sans nul mari,
    Était sage, veuillez m'en croire,
    Bien que riche et du meilleur ton,
    Et douce ! à la montrer en foire
    Sans muselière et sans bâton.
    Aussi la veuve voulait-elle
    Plutôt que de l'escofier,
    Faire Holopherne prisonnier.
    A cette fin, la dite belle
    Brûle un bouchon à la chandelle,
    Et se noircit à défier
    Savon-Ponce et lime d'acier.
    Ainsi le manuscrit s'exprime ;
    Je n'y change rien pour la rime.
    Je lis : Judith, d'un air méchant,
Va trouver le Barbare, et lui dit en louchant :
    Rendez-vous, généralissime !
Elle loucha plus fort en ce moment fatal,
Afin d'épouvanter le soldat de Baal.
Se faire laide ainsi, c'était de l'héroïsme.
Mais hélas ! le sauvage adorait le strabisme,
    Et ne dédaignait point le noir.

   . . . .
    Ceci se passait vers le soir...

Au matin, on apprit le reste,
Le diable se vengea : Judith garda sa peau
Avec son regard de corbeau.

Or, le manuscrit qui l'atteste
Sera tombé, le fait est clair,
Entre les mains de ZIÉGLER.

1641.

Le songe de Jacob

M. ZIÉGLER.

Le bon Dieu
Aime et veut
Qu'au saint lieu
Tout soit bleu.
Vois un peu
Le corps bleu
Des anges qui font quèue
Pendant plus d'une lieue,
Tête bleue,
Ventre bleu,
Trône bleu, Vertu bleue,
Jusqu'au triangle du milieu ;
Plus l'oiseau bleu
Auprès de feu
Jacob, l'hébreu,
Dessous son pieu...

Quel camaïeu !

80.

Sapho.

M. BARRIAS.

Morte d'amour! qui l'aurait cru,
O trop puissante poétesse,
Femme digne de la kermesse!
Phaon n'était qu'un malotru.

    Et cependant rien qui paraisse,
A considérer tes appas,
Devoir te pousser au trépas,
Trop sensible femme de graisse (1)!

    Mais l'Amour est un débauché
Qui s'attaque à tout sans vergogne.
Aveugle, il ne sait ce qu'il cogne,
Heu! qu'après avoir trébuché.

    L'amour devrait être, en son germe,
Au seuil de ton cœur arrêté.
Tu ne mourus, triste beauté,
Que pour n'être pas assez ferme.

Un vil calembourg te perdit.
Il est de Cupidon, ton maître :
Hélas! tu criais à ce traître
Qu'il te fît grâce : il t'entendit...

    Je ne nargue point qui te pleure ;
Mais ton désespoir vint à point :
Tu serais morte d'embonpoint,
S'il avait tardé d'un quart d'heure.

---

(1) ERRATUM. Lisez *Grèce*... L'imprimeur facétieux n'a pu se décider à faire la correction que je lui demandais. Il a préféré supporter la honte de cette note.

PARIS. — Imp. de P. Baudouin, rue des Boucheries-Saint-Germain, 35.

www.ingramcontent.com/pod-product-compliance
Lightning Source LLC
Chambersburg PA
CBHW071425060426
42450CB00009BA/2025